AF290082

DARWIN

La théorie de l'évolution

Par Romain Parmentier

DARWIN ET LA THÉORIE DE L'ÉVOLUTION

INTRODUCTION

Le 24 novembre 1859 paraît le livre intitulé *De l'origine des espèces au moyen de la sélection naturelle ou la Préservation des races favorisées dans la lutte pour la vie*. Cet ouvrage, réédité plusieurs fois et traduit dans de nombreuses langues, bouleverse l'opinion publique du XIXe siècle. Son auteur, Charles Darwin, y affirme en effet que toutes les espèces qui peuplent la Terre sont le fruit d'une lente évolution et continuent d'évoluer dans une lutte acharnée pour la survie. Or les espèces n'étaient-elles pas des êtres immuables vivant dans une nature pleine de bonté selon la volonté de Dieu ? Le fossé qui sépare ces deux conceptions est saisissant.

Il faut de nombreuses années à Charles Darwin pour transcrire ses réflexions et sa théorie. Passionné par les sciences naturelles, c'est avant tout son voyage en tant que naturaliste à bord du *Beagle* qui jette les bases de ses idées révolutionnaires. Parti en décembre 1831, le navire ne revient en Angleterre qu'en octobre 1836. Durant ces cinq années, le jeune scientifique a l'occasion de collecter et d'étudier une multitude d'espèces animales et végétales. Il est de même confronté à toute une série d'expériences qui changeront définitivement sa façon de voir la nature.

À son retour, Charles Darwin rassemble ses idées. En 1839, il arrive à la conclusion que les espèces subissent des variations permettant une évolution au moyen d'une sélection naturelle dans le combat pour la vie. Rongé par l'angoisse face aux conséquences qu'un tel bouleversement scientifique pourrait engendrer, le naturaliste met vingt ans pour terminer son ouvrage, s'efforçant de répondre à ses contestataires, et marque à jamais l'histoire du monde.

DONNÉES CLÉS

- **Quand ?** Le 24 novembre 1859
- **Où ?** À Londres
- **Contexte ?** L'engouement scientifique et le débat sur l'origine des espèces au XIXe siècle
- **Protagonistes ?**
  - Charles Darwin, naturaliste britannique (1809-1882)
  - Alfred Russel Wallace, voyageur et naturaliste britannique (1823-1913)
- **Répercussions ?**
  - Nouvelle conception de l'histoire naturelle sur l'origine des espèces
  - Création du darwinisme

CONTEXTE POLITIQUE, SOCIAL ET ÉCONOMIQUE

L'ANGLETERRE AUX QUATRE COINS DU MONDE

Le XIXe siècle est sans nul doute celui de l'Angleterre. En effet, le pays qui voit naître Charles Darwin est alors à son apogée. Si sa montée en puissance est en marche depuis de nombreuses décennies, elle s'accélère tout particulièrement à la fin du XVIIIe siècle et au XIXe. C'est elle qui, la première, entre dans la révolution industrielle du fer, du charbon et de la machine à vapeur, lui offrant ainsi la possibilité de devancer toutes les autres nations. L'industrie développe alors considérablement l'économie britannique, et l'Angleterre exporte de plus en plus ses marchandises au point de devenir la première puissance économique mondiale.

Mais ce qui marque également l'Angleterre du XIXe siècle, c'est l'importance de ses territoires. À la fin du siècle passé, si le pays a perdu ses colonies américaines suite à la guerre d'indépendance (1775-1783), il dispose néanmoins encore du Canada et de nombreuses possessions dans les Caraïbes. Mettant l'accent sur la puissance de sa marine, l'Angleterre poursuit inexorablement ses conquêtes territoriales. De nombreuses expéditions lui permettent par ailleurs de prendre possession de l'Australie, de la Nouvelle-Zélande et de quantité d'îles dans le Pacifique. En outre, l'Inde convoitée de tout temps par les Européens est progressivement conquise par les Britanniques entre 1757 et 1858, date à laquelle le territoire passe définitivement sous l'autorité de la Couronne. Enfin, l'Afrique fait l'objet d'une lutte acharnée dans la seconde moitié du XIXe siècle entre les puissances européennes. L'Angleterre s'y constitue un véritable empire, reliant par ses colonies Le Caire au Cap.

Le contrôle des mers par l'Angleterre résulte également de ses victoires sur ses adversaires européens, à commencer par la France. Au terme des guerres de la Révolution française et des guerres napoléoniennes (1793-1815), les Britanniques se débarrassent définitivement de toute concurrence française et espagnole, consacrant leur pays comme première puissance maritime. Le traité de Vienne de 1815 reconnaît également à l'Angleterre une série de bases fortifiées, telles que Gibraltar, Freetown (Sierra Leone), Sainte-Hélène, le Cap, l'île Maurice, Ceylan ou encore Malte, qui garantissent désormais les communications entre les colonies et la métropole.

LE SIÈCLE DE LA SCIENCE

Hérité du siècle des Lumières dont l'un des objectifs était de combattre l'obscurantisme, l'engouement pour la recherche scientifique se poursuit et s'accélère dans un XIXe siècle à la fois romantique et positiviste.

Se basant sur les travaux du père de la chimie moderne, Lavoisier (1743-1794), à qui l'on doit l'isolement des premiers éléments chimiques, ses successeurs découvrent au XIXe siècle la quasi-totalité des éléments. En 1869, le chimiste russe Mendeleïev (1834-1907) les classe selon leur poids atomique dans son célèbre tableau périodique.

Le domaine de l'électricité connaît de même ses premiers succès avec l'invention de la pile en 1800 par Alessandro Volta (physicien italien, 1745-1827). De cette découverte en découlent beaucoup d'autres, telles que le principe de l'électrolyse mis au jour par Anthony Carlisle (physiologiste britannique, 1768-1840) ou encore l'électromagnétisme révélé par André Marie Ampère (physicien français, 1775-1836) et Michael Faraday (chimiste et physicien britannique, 1791-1867).

En médecine, l'anesthésie commence à se répandre en 1844 grâce à l'éther. Les progrès se poursuivent également dans le domaine des antibiotiques et des vaccins, notamment avec les travaux de Louis Pasteur (chimiste et biologiste français, 1822-1895).

La soif de savoirs pousse également les intellectuels d'Europe à explorer les différentes régions du monde afin d'en comprendre le fonctionnement. Ces grandes expéditions scientifiques emmènent avec elles des cartographes, chargés d'améliorer sans cesse les cartes des régions lointaines, des astrologues qui, par leurs observations, repoussent les connaissances sur l'univers, mais aussi de nombreux naturalistes qui collectent et découvrent continuellement des espèces animales et végétales. L'objectif premier n'est plus tant la découverte de nouveaux territoires, mais bien l'approfondissement de la compréhension du monde et de ce qu'il contient.

AVANT DARWIN : FIXISME VERSUS TRANSFORMISME

Jusqu'en ce début de XIXe siècle, une conception domine : le créationnisme. Suivant les préceptes bibliques de la Genèse, toutes les espèces, considérées comme immuables, sont apparues spontanément et indépendamment les unes des autres selon la volonté de Dieu. En outre, l'échelle des temps géologiques de l'époque est bien différente de celle que nous connaissons aujourd'hui. En effet, elle fait remonter la création de la Terre au dimanche 23 octobre 4004 av. J.-C., ce qui ne permettait pas de concevoir l'évolution telle qu'on la comprend de nos jours dans un laps de temps si court. Ce courant profondément religieux est relayé dans le monde scientifique par le fixisme, qui veut que chaque espèce ait traversé les âges sans se transformer, ou du moins en ne subissant que des modifications insignifiantes. Le fixisme prend de l'importance au XVIIIe siècle avec les travaux de Carl von Linné (naturaliste et médecin suédois, 1707-1778) qui réalise un système de classification des espèces en attribuant à chaque individu un nom latin, un genre ainsi qu'une espèce. Ce système, toujours en vigueur, est alors considéré comme fixe et immuable, reflétant la division originelle voulue par le Créateur.

UN CALCUL À REBOURS

La date de la création du monde (dimanche 23 octobre 4004 av. J.-C.) est calculée au XVIIe siècle par l'archevêque irlandais James Ussher (1581-1656). Ce dernier établit sa chronologie en se basant sur la Bible, qui retrace l'ensemble de la lignée masculine depuis Adam, le premier homme, jusqu'à Salomon (roi d'Israël, 970-931 av. J.-C.), avec pour chaque descendant la mention de son âge. Il fait ensuite le lien avec la chronologie des rois d'Israël, ainsi qu'avec des événements parfaitement datables à l'époque survenus dans d'autres civilisations, à l'instar des Romains. C'est en comptant à rebours qu'il aboutit finalement à l'année 4004 av. J.-C. Le mois et la saison sont ensuite déterminés sur la base du début de l'année juive, à savoir le 23 octobre pour cette année-là. Le jour du dimanche est également choisi selon la tradition juive. En effet, selon la Genèse, Dieu a créé le monde en six jours et s'est reposé le septième jour, qui, pour les Juifs, correspond au samedi, jour du shabbat. Le début de la création était donc nécessairement un dimanche, premier jour de la semaine juive.

Au début du XIXe siècle, c'est le naturaliste français Georges Cuvier (1769-1832) qui incarne le courant fixiste. Paradoxalement, ce scientifique est l'un des fondateurs de deux disciplines qui étayeront quelques décennies plus tard les thèses évolutionnistes, à savoir la paléontologie (étude des êtres vivants à partir des fossiles) et l'anatomie comparée (études des relations de parenté entre les espèces sur base de l'anatomie). Or, malgré la découverte de centaines de fossiles, Georges Cuvier se positionne en défenseur du fixisme, considérant que les espèces fossilisées n'ont aucun rapport avec celles de son temps. Il croit par contre que certaines ont disparu et que d'autres ont été créées, et ce de façon totalement indépendante. Pour étayer ses hypothèses, il recourt à une théorie invoquant des grands cataclysmes, dont le dernier en date n'est autre que le déluge surmonté par l'arche de Noé.

Bien que le fixisme domine, un autre courant scientifique remontant à l'Antiquité acquiert de plus en plus d'importance à cette époque : le transformisme. Contrairement aux fixistes, les transformistes considèrent que les espèces ont subi des modifications au cours du temps en réponse à certaines circonstances. Relayé par de grands naturalistes des Lumières tels que Georges Louis Leclerc de Buffon (1707-1788), le transformisme voit véritablement son influence s'accroître avec Jean-Baptiste Lamarck (naturaliste français, 1744-1829). Pour ce dernier, les espèces subissent des transformations dans une progression constante vers plus de complexité et de progrès. Il formule de même une loi – aujourd'hui caduque –, concernant l'hérédité de l'acquis, stipulant que la transformation d'un organe se transmet de génération en génération, modifiant ainsi les espèces. L'exemple le plus connu pour appuyer ses dires n'est autre que la girafe qui, forcée de se nourrir des feuilles des arbres, a progressivement allongé son cou. Cette transformation est ensuite devenue héréditaire. Même si la génétique démontre au XXe siècle que les transformations et les mutations des espèces sont bien plus complexes, Jean-Baptiste Lamarck n'en reste pas moins un précurseur de la théorie de l'évolution.

BIOGRAPHIES

CHARLES DARWIN

Naturaliste à l'origine de la théorie de l'évolution, Charles Darwin est né le 12 février 1809 à Shrewsbury (Angleterre) dans une famille aisée et cultivée. Le jeune garçon a en effet pour grands-pères le médecin, botaniste, zoologiste et poète Erasmus Darwin (1731-1802) et le céramiste de renom Josiah Wedgwood (1730-1795), et son père, Robert Waring Darwin (1766-1848), est médecin. Malgré ces excellents parcours familiaux, Charles Darwin porte très peu d'intérêt aux études, ce qui transparaît dans ses résultats scolaires. Il se passionne par contre pour la nature et commence très tôt à collectionner plantes et insectes.

En 1825, alors qu'il est âgé de 16 ans, son père décide de l'envoyer à l'université d'Édimbourg pour y apprendre la médecine. Mais ces études suscitent l'ennui, voire le dégoût du jeune homme qui les abandonne deux ans plus tard. Il y reçoit cependant ses premiers cours d'histoire naturelle, qui le confortent dans sa passion pour la botanique et la zoologie. Alors que le jeune Darwin semble dépourvu d'une véritable vocation, son père lui propose de devenir pasteur, mais la fonction implique l'obtention d'un diplôme. Charles Darwin entame ainsi trois années d'étude à Cambridge sans grand enthousiasme, mais avec l'opportunité de suivre des cours de botanique. Il se lie alors d'amitié avec le professeur John Henslow (botaniste et géologue britannique, 1796-1861).

En 1831, il obtient enfin son *Bachelor of Arts degree* et, sur les conseils de son ami professeur, il participe peu de temps après à une expédition du géologue Adam Sedgwick (1785-1873) dans le nord du pays de Galles. Cette expérience parfait la formation de naturaliste de Charles Darwin qui, en plus de la botanique et de la zoologie, est désormais familiarisé avec la géologie.

À la sortie de l'université, il ne souhaite pas devenir pasteur. Il rêve plutôt d'aventure et de voyage à l'image des grands naturalistes de son temps. À nouveau, John Henslow conseille le jeune homme et lui propose de participer à l'expédition du *HMS Beagle* en tant que naturaliste, allant jusqu'à envoyer, pour ce faire, une lettre de recommandation au capitaine du navire, Robert FitzRoy (1805-1865). Charles Darwin est finalement choisi et embarque à bord du navire en décembre 1831 après avoir obtenu non sans peine l'accord de son père. Si le voyage devait durer deux ans, cinq années sont nécessaires au *Beagle* pour remplir sa mission. Ce voyage est déterminant pour Darwin qui, à force d'observer, de collecter et d'analyser tous les spécimens de plantes, d'animaux et de minéraux qu'il trouve, voit s'esquisser la théorie qui le rendra célèbre.

De retour en Angleterre, il réalise qu'il est devenu célèbre dans les milieux scientifiques. John Henslow a en effet pris soin de publier la correspondance de voyage du jeune naturaliste. Fort de ce soutien, Charles Darwin y voit la possibilité de vivre de ses recherches scientifiques et oublie définitivement sa carrière de pasteur. En 1839, il se marie, entre à la *Royal Society* et publie son récit de voyage sur le *Beagle*, y incluant une théorie sur la formation des atolls.

Or, en 1858, un autre naturaliste du nom d'Alfred Russel Wallace lui envoie ses travaux présentant une théorie de l'évolution semblable à la sienne. Sous la pression de ses amis, Darwin décide d'enfin publier ses travaux afin de ne pas se faire devancer. Le 24 novembre 1859, l'ouvrage *De l'origine des espèces au moyen de la sélection naturelle ou la Préservation des races favorisées dans la lutte pour la vie* sort en librairie. Le succès est immédiat.

Suite à cette publication, c'est tout le champ de la biologie qui est bouleversé et d'intenses débats ont lieu au sein de la communauté scientifique. Mais Charles Darwin, restant à l'écart des polémiques, continue à se consacrer à ses recherches, publiant de nombreux autres écrits et peaufinant sa théorie. Il s'éteint le 19 avril 1882 à Down, dans le Kent.

ALFRED RUSSEL WALLACE

Alfred Russel Wallace est un naturaliste né le 8 janvier 1823 à Usk (Angleterre). Passionné par les sciences naturelles, il entreprend de 1848 à 1852 un voyage en Amérique du Sud où, à l'image des autres naturalistes, il collecte, observe et étudie toutes sortes de spécimens. Il repart ensuite en 1854 dans l'archipel malais et se base principalement à Bornéo.

Poursuivant ses observations, il formule très vite l'idée, à l'instar de Charles Darwin, que les espèces animales et végétales sont le fruit d'une longue évolution dont la sélection naturelle est le moteur. Souhaitant confronter ses idées, il envoie son travail *De la tendance des variétés à se démarquer indéfiniment du modèle original* à Darwin en 1858. Voyant à quel point les travaux d'Alfred Wallace sont avancés, ce dernier, poussé par ses amis, décide de publier au plus vite sa propre théorie. Tout en reconnaissant l'antériorité des travaux de Charles Darwin, Alfred Wallace continue tout au long de sa vie à servir la théorie de l'évolution.

Il meurt le 7 novembre 1913 à Broadstone (Angleterre).

LA THÉORIE DE L'ÉVOLUTION

VOYAGE À BORD DU *BEAGLE*

À peine a-t-il fini ses études que Charles Darwin se voit offrir la possibilité de participer à une expédition scientifique de l'amirauté britannique sur le *Beagle*. Commandée par le capitaine Robert FitzRoy, la mission a pour objectif de poursuivre la cartographie de la Patagonie et de la Terre de Feu, commencée en 1826, puis d'effectuer des relevés sur les côtes du Chili, du Pérou et de quelques îles du Pacifique.

Il embarque donc sur le *Beagle* qui prend la mer le 27 décembre 1831 pour une durée de cinq ans. Âgé de 22 ans au moment du départ, le naturaliste précisera plus tard que « [ce] voyage […] a été […] l'événement le plus important de [sa] vie et a déterminé [sa] carrière entière » (DARWIN (Charles), *L'Autobiographie*, Paris, Seuil, 2008, p. 74).

Bien que souffrant du mal de mer, le jeune naturaliste apprécie sa mission sur le *Beagle*. Le commandant lui permet en effet de réaliser de longues excursions à terre afin qu'il puisse explorer, collecter, étudier et naturaliser tous les spécimens qui s'offrent à lui. Après plusieurs escales et une longue traversée de l'Atlantique, l'expédition arrive le 4 avril 1832 dans la baie de Rio. Là, une escale de deux mois est prévue, ce qui laisse toute liberté à Darwin de s'aventurer dans la forêt tropicale.

Fasciné par l'incroyable diversité à l'œuvre dans la nature, le jeune homme est également interpellé par le chaos qui règne dans la forêt, où la vie côtoie la mort et la pourriture, de même que par la lutte acharnée que se livrent les espèces pour tenter de survivre. Cette vision des choses est nouvelle pour lui. Jusqu'ici, tout le monde considérait la forêt tropicale comme un magnifique jardin d'Éden où la nature serait bonne, suivant en cela la volonté du divin. Or, sur place, le naturaliste constate tout le contraire. La survie régit le comportement des individus dans cette nature hostile. Inlassablement, Darwin entame ainsi une étude générale des conditions de vie des espèces et des connexions qu'il existe entre elles.

LE TEMPS DES QUESTIONNEMENTS

Le *Beagle* reprend son voyage le 5 juillet et arrive le 7 septembre à Bahia Blanca (au sud de Buenos Aires). Au cours d'une excursion géologique, Charles Darwin découvre des os fossilisés. S'il a déjà pu en voir, c'est la première fois qu'il a l'occasion d'en examiner dans leur milieu. Il remarque alors que les ossements sont logés dans des couches géologiques différentes, ce qui démontre un soulèvement du sol. Mais son attention se porte surtout sur les restes d'un mammifère géant qui, étonnamment, comporte des similarités avec d'autres espèces encore vivantes, alors que les préceptes de Georges Cuvier affirment le contraire. Ce mammifère, qui se voit attribuer le nom de mégathérium, est en réalité un paresseux géant disparu il y a 11 000 ans.

Cette découverte fascine Charles Darwin et nourrit ses réflexions. Y a-t-il un lien entre les espèces disparues et les espèces actuelles ?

Les espèces d'aujourd'hui sont-elles le fruit des transformations d'espèces plus anciennes ? Pour le naturaliste, il est encore trop tôt pour répondre à de telles questions. Ses découvertes et ses collections de plus en plus nombreuses, qu'il expédie en Angleterre aussitôt que l'occasion se présente, bouleversent néanmoins toutes ses conceptions du monde et de la nature.

En décembre 1832, une nouvelle expérience vient chambouler encore plus les idées du naturaliste. Le *Beagle* atteint la Terre de Feu et s'apprête à débarquer un missionnaire et trois Fuégiens (habitants de la Terre de Feu). Ces derniers avaient été amenés en Angleterre pour y recevoir une éducation trois années auparavant. La suite de l'expérience consiste à les ramener dans leur tribu d'origine afin de civiliser le reste de la population. Si cette partie de la mission se solde par un échec total, elle sert grandement les réflexions du naturaliste. Charles Darwin, qui rencontre pour la première fois des hommes « primitifs », est en effet consterné. Il constate leur mode de vie sommaire, leur comportement à la limite de la sauvagerie et leur lutte pour survivre dans un environnement précaire. Pourtant, trois d'entre eux ont pu être éduqués, ce qui prouve qu'il n'y a pas de supériorité intellectuelle, comme beaucoup le pensent à l'époque, entre des « races » d'hommes. C'est donc bien l'environnement qui influence la condition humaine. Face au spectacle sauvage de ces populations du bout du monde, Charles Darwin constate que la frontière entre l'homme et l'animal est bien plus mince que les théologiens veulent le faire croire. Au contraire, le naturaliste ne voit plus l'homme comme une création divine placée au-dessus de tout, mais bien comme un mammifère parmi les autres.

Après plusieurs excursions et escales en Patagonie, le *Beagle* passe le détroit de Magellan en juin 1834. Le 23 juillet, il atteint Valparaiso, au Chili. Charles Darwin entame alors une première excursion dans les Andes et y découvre à son grand étonnement des coquillages fossilisés à 4 000 mètres d'altitude. L'expérience, troublante, lui fait comprendre que le sol avait été fortement soulevé par des forces encore inconnues. De plus, un tel événement a dû se produire sur une longue durée, ce qui remet en question ses idées du temps géologique issu de la Bible. Le *Beagle* redescend ensuite la côte jusqu'à Valdivia (port du Chili), qu'il atteint en février 1835 avant de retourner en mars à Valparaiso, où le naturaliste refait une excursion dans les Andes. À Valdivia, Charles Darwin est confronté à un violent tremblement de terre qui lui fait réaliser l'incroyable pouvoir de la nature et surtout l'instabilité même d'un monde en perpétuel changement.

LES ÎLES GALÁPAGOS ET LEURS PINSONS

Après avoir rejoint Lima (Pérou), l'expédition se dirige vers les îles Galápagos, ce qui réjouit Charles Darwin. Cette étape du voyage sera en effet cruciale pour le naturaliste au moment de l'élaboration de sa théorie. Le *Beagle* arrive en vue de l'île Chatham le 17 septembre 1835, et Darwin commence tout de suite ses excursions. Passant d'île en île, il remarque qu'il y a dans cet archipel des espèces que l'on ne trouve nulle part ailleurs. Parmi les plus célèbres se trouvent les tortues géantes, dont il a l'occasion de goûter la chair, ou encore les iguanes, qu'il jette plusieurs fois à l'eau pour tester leur résistance aquatique. Charles Darwin s'intéresse également aux oiseaux des îles et notamment aux pinsons qui, bien des années plus tard, vont devenir grâce à lui de véritables célébrités.

Parmi les 26 espèces d'oiseaux terrestres collectés, les pinsons semblent aux premiers abords assez banals. Mais à force d'observation, Darwin ne distingue pas moins de treize sortes de ces modestes oiseaux avec pour singularité la taille de leur bec. Ce dernier est tantôt très développé à l'instar d'un gros-bec, tantôt beaucoup plus fin comme sur une fauvette, avec entre les deux extrêmes une multitude de tailles intermédiaires. Charles Darwin ne se rend compte que quelques années plus tard, alors qu'il élabore sa théorie, de l'importance de l'exemple des pinsons. Ces derniers constituent en effet la preuve tangible de la variation des espèces.

Issus d'un ancêtre commun provenant probablement du continent américain, ces oiseaux se sont modifiés au cours du temps afin de répondre à la dureté de l'environnement des îles Galápagos. La nourriture y étant limitée, les espèces ont développé des singularités en fonction de l'alimentation disponible sur chaque île. Certains sont ainsi devenus granivores et d'autres insectivores. Mais au sein même de la première catégorie, des particularités existent : en effet, certains se sont nourris de semences plus dures et plus grosses, que seul un bec plus imposant pouvait fendre, alors que d'autres se sont nourris de graines plus petites et faciles à manger, fournissant ainsi les explications nécessaires aux nombreux types de becs que l'on pouvait trouver chez cet oiseau.

Aujourd'hui encore, les « pinsons de Darwin » sont étudiés afin de constater l'évolution de l'espèce. Ainsi, pendant les périodes de sécheresse au cours desquelles la nourriture est moins abondante, les biologistes constatent une baisse de la population de pinsons à bec fin, ceux-ci n'étant pas capables de fendre des graines plus grosses à l'instar des pinsons à gros bec, qui peuvent se nourrir de tout. Cette constatation prouve ainsi que le plus adapté survit au moins adapté. Si, lorsqu'il découvre les pinsons, Charles Darwin ne parle pas encore de sélection naturelle, il est néanmoins convaincu de la variation des espèces et de leur spéciation (formation d'espèces nouvelles).

La mission du *Beagle* s'achevant, le retour vers l'Angleterre peut enfin débuter. Le 20 octobre 1835, le navire quitte les Galápagos et rejoint successivement Tahiti, la Nouvelle-Zélande et l'Australie. En avril, il rejoint les îles Cocos (archipel de l'océan Indien) où Darwin met au point une théorie sur la formation des atolls. Il se fascine également pour le corail, dont les divers embranchements lui inspireront ses arbres de vie (où les espèces partent dans de multiples directions). Enfin après être passé par l'île Maurice, le Cap et l'île de Sainte-Hélène, l'expédition arrive en Angleterre le 2 octobre 1836. Durant le périple, Charles Darwin a rédigé 770 pages de notes et collecté 1 529 espèces conservées dans de l'alcool et 3 907 spécimens « secs ». Avec un tel matériau de base, la réflexion du naturaliste va pouvoir se poursuivre durant des années.

LA SURVIE DU PLUS APTE

À son retour, Charles Darwin constate qu'il est devenu célèbre. Ses lettres à John Henslow se sont en effet diffusées dans les milieux scientifiques, si bien qu'il devient un homme de science réputé. Il entame immédiatement le catalogage de ses collections et les confie de même à de nombreux experts afin d'en tirer le plus d'informations possible. En février 1837, les premiers résultats tombent, notamment sur les pinsons des Galápagos : il existe bien 13 types de pinsons différents, mais très proches les uns des autres. Parallèlement, Charles Darwin travaille sur ses notes de voyage, qu'il finit par publier en 1839. Enfin, de juillet 1837 à juillet 1839, il rédige ses premiers carnets sur sa théorie de l'origine des espèces.

Mais le naturaliste reste prudent, conscient que ses idées sont dangereuses pour l'époque. Par conséquent, tout en restant discret, il s'entoure de spécialistes scientifiques, mais aussi d'éleveurs, de jardiniers et de pépiniéristes afin de collecter de nouvelles preuves. Sa théorie se distingue désormais clairement du création-nisme, mais aussi du transformisme de Lamarck. Ainsi, il émet l'hypothèse que la transformation des espèces n'est pas une volonté des animaux pour atteindre un mieux, mais plutôt une adaptation de ces derniers à leur environnement. Ce ne sont donc pas les girafes qui ont allongé leur cou à force de manger les feuilles situées dans les arbres, mais plutôt les girafes dotées d'un plus long cou leur permettant d'avoir plus de nourriture qui ont réussi à survivre. À force d'observation et de réflexion, Charles Darwin comprend que c'est la sélection qui constitue la clé de voûte de la transformation des espèces.

Il constate ainsi que les éleveurs d'animaux domestiques identifient des différences minimes entre certains animaux et sélectionnent artificiellement les mieux adaptés ou les plus forts pour qu'ils se reproduisent, modifiant ainsi progressivement l'espèce. Dans la nature, cette sélection s'opère également, mais on parle ici de sélection naturelle. Toutefois, le naturaliste ne comprend pas encore comment cette sélection s'opère naturellement. Quel en est le moteur ? Poursuivant ses analyses et surtout ses lectures, il finit par trouver la réponse dans l'*Essai sur le principe de population* de Thomas Malthus (économiste britannique, 1766-1834), dans lequel est présentée la lutte de l'homme pour survivre. Se rappelant la lutte acharnée que se livraient les espèces dans la forêt tropicale, Charles Darwin réalise qu'il a trouvé la raison de la sélection naturelle : la lutte pour la survie. Dans une nature hostile, quand les conditions de vie ou l'environnement se modifient, seuls les mieux adaptés survivent et se reproduisent entre eux, transformant progressivement l'espèce. Le naturaliste a désormais la base de sa théorie, mais l'anxiété causée par la révolution qu'il est sur le point de provoquer lui fera sans cesse repousser l'écriture et la publication de son livre.

DE L'ORIGINE DES ESPÈCES AU MOYEN DE LA SÉLECTION NATURELLE

Charles Darwin écrit beaucoup dans les vingt années suivantes (1839-1859). Il rédige ainsi des travaux sur les atolls, sur les îles volcaniques ou encore sur la zoologie du voyage du *Beagle*. En 1842 et en 1844, il écrit également deux ébauches de sa théorie de l'évolution, mais continue de collecter des preuves sans relâche avant d'imaginer la publier. Entre-temps, de 1846 à 1852, le naturaliste se consacre à une étude des cirripèdes (crustacés) afin d'accroître sa notoriété, tout en poursuivant son œuvre principale.

À partir de 1856, Darwin commence la rédaction de son livre et, en mars 1858, dix chapitres sont terminés dont celui consacré à la sélection naturelle. La publication finale est néanmoins poussée par un élément extérieur. Un autre naturaliste, Alfred Wallace, envoie à Darwin ses propres travaux qui s'avèrent fortement similaires aux siens. Encouragé par ses amis, Darwin présente le 1er juillet 1858 un extrait de ses travaux conjointement avec l'essai d'Alfred Wallace, tout en précisant qu'il travaille sur sa théorie depuis 1839. Si l'étude est reçue dans la plus grande indifférence, le naturaliste poursuit toutefois l'écriture de son livre. Enfin, le 24 novembre 1859, il publie l'œuvre de sa vie : *On the Origin of Species by Means of Natural Selection, or the Preservation of Favoured Races in the Struggle for Life* (*De l'origine des espèces au moyen de la sélection naturelle ou la Préservation des races favorisées dans la lutte pour la vie*).

Une toute nouvelle théorie de l'évolution vient de voir le jour. Selon Charles Darwin, les espèces ne sont donc pas immuables comme le sous-entend le créationnisme, mais sont le fruit d'une lente évolution à partir d'un ancêtre commun. L'évolution est selon lui régie par la sélection naturelle. Pour chaque espèce, des modifications peuvent apparaître par hasard. Ces dernières peuvent s'avérer favorables ou défavorables se-lon les circonstances (l'environnement, le climat, l'alimentation, le camouflage, etc.). La sélection naturelle peut alors s'opérer. Si une évolution est favorable aux circonstances du moment, les individus favorisés ont alors plus de chances de survivre et de se reproduire, transmettant dès lors leur particularité à leur descendance. Les moins adaptés sont par contre voués à dispa-raître. L'évolution est ainsi continuelle. Elle n'a ni direction, ni finalité ou but précis qui tendraient vers plus de progrès, mais est simplement le fruit de la meilleure adaptation.

RÉPERCUSSIONS

L'OPPOSITION RELIGIEUSE ET SCIENTIFIQUE

La publication de l'*Origine des espèces* jouit d'un succès immédiat au point que le premier tirage de 1 250 exemplaires est très vite épuisé. Le livre connaît six rééditions jusqu'en 1872, avec des compléments d'information ou des révisions. Malgré cette réussite, l'œuvre suscite de nombreuses controverses. Diffusé par les journaux, un véritable débat public a lieu en Angleterre autour du livre du naturaliste, opposant les évolutionnistes à l'Église anglicane relayée dans le monde scientifique par les fixistes.

L'œuvre de Charles Darwin suscite en effet la colère de l'Église puisqu'elle omet, voire nie totalement, l'existence de Dieu. Or dans les conceptions de l'époque, toute la création est le fait de la volonté divine, comme l'enseigne la Bible. De même, l'image d'une nature pleine de bonté est complètement remise en question par

Charles Darwin. Ce dernier la présente comme étant féroce puisque s'y produit une sélection naturelle sans pitié qui privilégie le plus apte sur le plus faible. En prouvant scientifiquement qu'aucune intervention divine n'est à l'origine des espèces et de leur évolution, Charles Darwin invalide la notion de Dieu et par là même la foi. Or à l'époque, l'Église se considère comme garante de l'ordre social. Le principe d'évolution est de même hostile aux fixistes qui ont tout juste terminé la classification immuable des espèces selon le système de Linné.

Enfin, l'œuvre de Charles Darwin élude volontairement la question de l'homme et de ses origines. L'auteur espère éviter les ennuis, mais ce silence est vite interprété, probablement à raison, comme la volonté de ne faire aucune distinction entre l'homme et les autres espèces. L'homme n'est pas au-dessus de la mêlée, mais est au contraire soumis, comme les autres espèces, aux lois de l'évolution. Cette vision des choses est très vite réduite à l'idée que l'homme descend du singe – ce que Charles Darwin n'a jamais affirmé dans son ouvrage.

Les attaques de l'un et de l'autre camp finissent par donner lieu à un grand débat organisé à Oxford le 30 juin 1860. Darwin, alors souffrant, n'y participe pas, mais se fait représenter par son ami Thomas Huxley (physiologiste britannique, 1825-1895), tandis que l'évêque d'Oxford Samuel Wilberforce (1805-1873) intervient au nom du camp religieux. Le débat entre les deux hommes est acharné. L'évêque n'hésite pas à demander à son opposant s'il descend du singe par son grand-père. À quoi Thomas Huxley répond : « Si l'on me posait la question de savoir si je préférerais avoir pour grand-père un humble singe ou un homme très doué intellectuellement et disposant de grands moyens d'influence, mais qui n'emploierait tous ses dons et ses pouvoirs que pour détourner en ridicule une grande question scientifique, je dirais sans hésiter que je préfère le singe. » (Continenza (Barbara), *Darwin, l'arbre de vie*, Paris, Pour la science, 2004, p. 136). Au terme du débat, chaque camp pense avoir gagné et la polémique perdure ainsi pendant de nombreuses années. Les idées de Charles Darwin se diffusent néanmoins à travers le monde et les progrès de la science finissent lui donnent finalement raison.

De même, l'Église finit par ne plus voir de contradiction entre la théorie de l'évolution et la foi, considérant désormais que l'intervention de Dieu s'est faite lors de la naissance de l'univers, auquel il a donné ses lois. D'autres groupes religieux plus fanatiques continuent toutefois, aujourd'hui encore, à refuser la théorie de Charles Darwin, lui préférant une lecture littérale de la Bible. Ces groupes appelés créationnistes se trouvent principalement aux États-Unis et en Australie.

DARWINISME ET NÉODARWINISME

Bien que restant à l'écart des débats, Charles Darwin poursuit néanmoins ses travaux et continue d'argumenter au mieux sa théorie. Il réalise ainsi de nombreuses autres publications qui étayent ses dires ou traitent de sujets différents. Conscient qu'il ne peut éviter indéfiniment le sujet, le naturaliste s'attaque également à la question de l'homme dans *La Filiation de l'homme et la Sélection liée au sexe*, publié en 1871, suivi l'année suivante de *L'Expression des émotions chez l'homme et les animaux*. Dans ces deux ouvrages, Charles Darwin place l'homme au rang des mammifères qui, comme les autres espèces, descendent d'un ancêtre commun. L'homme est également soumis à l'évolution. Toutefois, le naturaliste n'y voit pas le produit de la sélection naturelle, mais d'un autre facteur, à savoir la sélection sexuelle qui, bien que moins rigoureuse, apparaît également chez les autres espèces. Ainsi les mâles les plus beaux et les plus vigoureux ont plus de chance de se reproduire et d'avoir une descendance.

Bien que fortement critiqué, Charles Darwin a également ses défenseurs, que l'on retrouve notamment parmi la jeune génération des naturalistes qui voit dans ses travaux une véritable révolution de la science. Le darwinisme, qui défend la théorie de l'évolution, voit le jour. Pendant les dernières années de la vie du naturaliste et bien après, de nombreux chercheurs poursuivent son œuvre. La question de l'homme continue à faire débat, poussant les scientifiques à la recherche du chaînon manquant faisant hypothétiquement le lien entre le singe et l'homme. En 1856, les restes fossiles de l'homme de Néandertal sont découverts en Allemagne. Les défenseurs de la théorie de Darwin y voient rapidement une étape antérieure de l'évolution humaine. Plus tard, au XXe siècle, d'autres fossiles démontrent également l'évolution de l'homme à l'instar de l'*Homo erectus* et l'*Homo habilis*.

Parallèlement, en 1865, le précurseur de la génétique, Gregor Mendel (1822-1884), découvre les lois de l'hérédité et les gènes, ce qui renforce la théorie de l'évolution bien que Charles Darwin n'en ait pas eu connaissance. Au début du XXe siècle, ses travaux sont rapprochés de la théorie de l'évolution, donnant naissance au néodarwinisme ou « théorie synthétique de l'évolution ». Complétée par la génétique, la théorie de Darwin devient ainsi incontournable et explique parfaitement la transmission des variations d'un individu à sa descendance. La génétique et la découverte de l'ADN bouleversent également la recherche sur l'évolution humaine. Les scientifiques découvrent que l'homme est cousin des singes actuels et non un descendant direct. La recherche du chaînon manquant s'arrête au profit de l'ancêtre le plus ancien commun aux hommes et aux singes.

Si Charles Darwin meurt le 19 avril 1872, son livre révolutionnaire reste aujourd'hui encore l'un des ouvrages majeurs de l'histoire, marquant profondément les sciences et les conceptions philosophiques de la nature et des espèces, dont l'être humain. « Et tandis que notre planète a continué de décrire ses cycles perpétuels, d'après les lois fixes de la gravitation, d'un si petit commencement, des formes sans nombre, de plus en plus belles, de plus en plus merveilleuses, se sont développées et se développeront par une évolution sans fin. » (DARWIN (Charles), *De l'origine des espèces par la sélection naturelle ou des lois de transformation des êtres organisés*, Paris, Guillaumin, 1866, p. 591)

EN RÉSUMÉ

1809
12 fév. : Naissance de Darwin

1831
27 déc. : Début de l'expédition sur le *Beagle*

1832
Avril : Découverte de la forêt tropicale et de sa férocité
Déc. : Étude menée sur les Fuégiens

1835
Sept. : Découverte des différents types de pinsons dans les îles Galapagos

1836-1839
Élaboration de sa théorie

1859
24 nov. : **Publication de *De l'origine des espèces au moyen de la sélection naturelle***

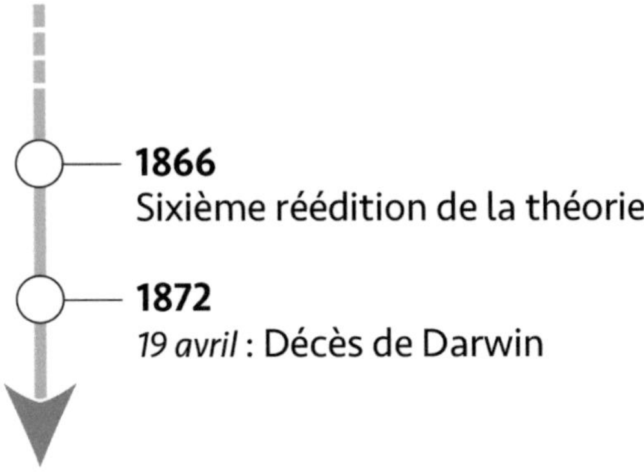

- Charles Darwin naît le 12 février 1809 en Angleterre. Élève médiocre, il entame des études pour devenir médecin puis pasteur, mais sans véritable intérêt. Il se passionne par contre pour les sciences naturelles et entreprend une collection de plantes et d'insectes.
- À la fin de ses études, le jeune homme a l'occasion de participer à l'expédition du *Beagle* autour du monde en tant que naturaliste. Acceptant l'offre, il débute son voyage le 27 décembre 1831. Ce voyage fait de Charles Darwin un naturaliste de renom.
- En avril 1832, il découvre la forêt tropicale et est consterné par la férocité de la nature et la lutte que se livrent les différentes espèces

pour survivre. Cette vision est bien éloignée de l'idée d'une nature bonne selon la volonté divine. Cette expérience marque le naturaliste.

- Le *Beagle* atteint la Terre de Feu en décembre 1832. En étudiant les tribus de Fuégiens, Darwin voit ses conceptions sur l'origine de l'homme totalement bouleversées. Il ne voit plus l'homme comme un être à part, au-dessus de tout, mais comme un mammifère comme les autres.
- L'expédition atteint ensuite les îles Galápagos en septembre 1835. Sur cet archipel, le jeune naturaliste a l'occasion d'admirer la preuve de la spéciation et de la variation des espèces à travers les pinsons, dont il ne découvre pas moins de 13 types différents par la taille de leur bec.
- De retour en Angleterre en 1836, Charles Darwin entame immédiatement un travail d'analyse de ses notes et de catalogage de ses collections, les confiant même à plusieurs spécialistes afin d'en tirer le plus d'informations possible. Jusqu'en 1839, il rédige des carnets sur sa théorie de l'évolution.
- Collectant un maximum de preuves, le naturaliste s'entoure de nombreux spécialistes

et poursuit ses lectures. Il finit par jeter les bases de sa théorie en définissant la sélection naturelle comme élément déclencheur de l'évolution et la lutte pour la survie comme moteur. Toutefois, inquiet des retombées qu'un tel bouleversement pourrait susciter, Charles Darwin met vingt ans à écrire son livre.

- Après plusieurs ébauches en 1842, 1844 et enfin un début de rédaction à partir de 1856, Charles Darwin est poussé précipitamment à la publication de son œuvre. Un autre naturaliste, Alfred Wallace, est en effet arrivé au même résultat que lui et risque de le devancer.

- Le 24 novembre 1859, la nouvelle théorie de l'évolution est publiée sous le nom *De l'origine des espèces au moyen de la sélection naturelle*. Le livre rencontre un tel succès qu'il est réédité à six reprises jusqu'en 1866.

- L'ouvrage de Charles Darwin suscite immédiatement la controverse, notamment chez les représentants de l'Église. Le naturaliste poursuit néanmoins son œuvre et s'attaque à la question de l'origine de l'homme et de son évolution, bouleversant à jamais les conceptions philosophiques de son temps.

- Il décède le 19 avril 1872.

POUR ALLER PLUS LOIN

SOURCES BIBLIOGRAPHIQUES

- BOWLBY (John), *Charles Darwin. Une nouvelle biographie*, Paris, PUF, 1995.

- CONTINENZA (Barbara), *Darwin, l'arbre de vie*, Paris, Pour la science, 2004.

- « Création de l'Empire britannique », in *Histoire universelle : le XIXe siècle en Europe et en Amérique du Nord*, t. 17, Paris, Hachette, 2007.

- DARWIN (Charles), *De l'origine des espèces par la sélection naturelle ou des lois de transformation des êtres organisés*, Paris, Guillaumin, 1866.

- DARWIN (Charles), *L'Autobiographie*, Paris, Seuil, 2008.

- « Darwin sur le « Beagle », 1831-1836 », in BROSSE (Jacques), *Les tours du monde des explorateurs. Les grands voyages maritimes, 1764-1843*, Paris, Bordas, 1983.

- « La science romantique », in *Histoire universelle : le XIXe siècle en Europe et en Amérique du Nord*, t. 17, Paris, Hachette, 2007.

- « Positivisme et science expérimentale », in *Histoire universelle : le XIXe siècle en Europe et en Amérique du Nord*, t. 17, Paris, Hachette, 2007.

- TORT (Patrick), *Darwin et le darwinisme*, Paris, PUF, 1997.

- « Voyages à bord du *Beagle* (1831-1836). Charles Darwin », in RICE (Tony), *Voyages : trois siècles d'explorations naturalistes*, Neuchâtel, Delachaux et Niestlé, 1999.

SOURCES COMPLÉMENTAIRES

- ACOT (Pascal), *L'histoire des sciences*, Paris, PUF, 1999.

- BUICAN (Denis), *Charles Darwin. Avant/Après*, Paris, Criterion, 1992.

- CRESSON (André), *Darwin. Sa vie, son œuvre avec un exposé de sa philosophie*, Paris, PUF, 1956.

- DARWIN (Charles), *Voyage d'un naturaliste autour du monde*, Paris, La Découverte, 1985-1992.

- DAUMONT (Octave), *Les théories de l'évolution. Darwinisme et néodarwinisme*, Bruxelles, Action catholique, 1910.

- RUSE (Michael), *Charles Darwin*, Malden, Blackwell, 2008.

FILM ET DOCUMENTAIRES

- *Charles Darwin and the Tree of Life*, documentaire présenté par David Attenborough, Grande-Bretagne, 2009.

- *Création*, film britannique réalisé par Jon Amiel, avec Paul Bettany, Jennifer Connelly et Jeremy Northam, Grande-Bretagne, 2009.

- *Darwin et la Science de l'évolution*, documentaire réalisé par Valérie Winckler, France, 2003.

- *Le Grand Voyage de Charles Darwin*, documentaire-fiction réalisé par Hannes Schuler et Katharina von Flotow, France, 2009.

MUSÉES ET MONUMENTS COMMÉMORATIFS

- Down House, la maison de Charles Darwin à Downe, dans le Kent (Grande-Bretagne).

- Monument Charles Darwin à Shrewsbury (Grande-Bretagne).

- Musée d'histoire naturelle de Londres (Grande-Bretagne).

- Statue de Charles Darwin au musée d'histoire naturelle de Londres (Grande-Bretagne).